AF554255

RÉPUBLIQUE

OU

MONARCHIE

PAR

M. L. A. FONTAN

Regnum a gente in gentem transfertur propter injustitias.
Eccli., x, 8.

†

J. M. J.

PARIS
LIBRAIRIE BLOUD ET BARRAL
4, RUE DE MADAME, ET RUE DE RENNES, 59

RÉPUBLIQUE

OU

MONARCHIE

RÉPUBLIQUE

OU

MONARCHIE

PAR

M. L. A. FONTAN

Regnum a gente in gentem transfertur propter injustitias.
Eccli., x, 8.

J. M. J.

PARIS
LIBRAIRIE BLOUD ET BARRAL
4, RUE DE MADAME, ET RUE DE RENNES, 59

AVANT-PROPOS

L'amour de ma patrie et le désir de faire du bien m'ont engagé à écrire les réflexions suivantes sur la République et sur la Monarchie en France.

La France ne peut être heureuse ni puissante si elle ne vit en parfaite union avec l'Eglise catholique ; or la République est l'ennemie jurée de l'Eglise. « Le cléricalisme, voilà l'ennemi ! » Quel malheur si la foi abandonnait la France pour passer ailleurs ! Néanmoins l'Eglise peut se passer de la France.

Les sentiments religieux doivent sans doute occuper la première place dans nos cœurs ; mais la seconde est réservée pour la patrie : la religion met le patriotisme au rang des vertus.

Les maux de ma patrie m'accablent, et je prie Dieu d'y porter remède ; cependant je n'ai pas de haine contre ceux qui la malmènent depuis plusieurs années ; au contraire, je leur veux du bien et je supplie le Seigneur d'ouvrir leur cœur à de meilleurs sentiments et leur esprit à la vraie lumière.

Lorsque la France souffre, mon cœur souffre aussi ; et j'ai la conviction que la République ne la soulagera jamais !

Dieu sauve la France !!!

RÉPUBLIQUE OU MONARCHIE

CHAPITRE PREMIER

Quel est le régime le plus avantageux à la France ?

L'homme ne peut vivre sans société, la société ne saurait subsister sans un gouvernement qui la dirige et la défende.

Ce gouvernement protecteur et salutaire sera-t-il la République ou la Monarchie ?

Il est évident que le gouvernement qui s'accorde le mieux avec les intérêts généraux de la nation et avec les intérêts particuliers de l'individu est celui qui devra fixer nos préférences.

Depuis près de cent ans, en France, la Monarchie et la République sont en présence, et se disputent la préséance en se succédant l'une à l'autre. Quelle est donc celle de ces deux formes de gouvernement qui mérite le plus d'obtenir nos suffrages ?

Beaucoup se posent secrètement cette question sans pouvoir la résoudre. Tels sont les ouvriers, les travailleurs honnêtes, intelligents, laborieux, mais malheureusement peu instruits dans ces matières, faute de temps nécessaire pour s'en occuper ; trompés en outre par ceux qui, par intérêt, s'efforcent, à l'aide de mille artifices peu consciencieux, de troubler leurs inclinations honnêtes et d'étouffer la voix de leur loyauté, de leur bon sens et de leur raison.

Notre but est d'aider ces cœurs loyaux à secouer les entraves honteuses qu'on voudrait leur imposer, en examinant sans parti-pris, en dehors de l'intérêt ou de la passion, le mérite propre à chaque régime, les fruits qu'il a donnés, le jugement qu'en porte l'histoire. Puissions-nous ainsi arracher notre malheureux pays aux bouleversements périodiques qui le déchirent, l'affaiblissent et doivent finir, infailliblement, par le conduire à sa ruine !

L'étude de ces questions graves et éminemment pratiques aurait à toutes les époques son importance; dans la situation présente qui inspire de si injustes alarmes à tous les cœurs patriotiques elle n'est pas seulement pleine d'opportunité, elle est indispensable; elle s'impose comme une nécessité.

Ainsi donc, mettre en face du public deux fidèles tableaux représentant, l'un la Monarchie chrétienne avec ses origines et son histoire, l'autre la République avec ses doctrines, ses actes du moment et son passé, puis dire à chacun : Faites le choix vous-même, tel est notre dessein en écrivant ces lignes. Si le bon sens et l'expérience démontrent que la République est préférable, nous irons à elle ; mais si nous établissons, par des preuves irrécusables, que la Monarchie est meilleure, n'hésitons plus, courons nous ranger sous son drapeau avec courage et sans respect humain.

CHAPITRE II

Raison du lien qui attache la noblesse à la royauté.

La raison vraie qui attache la noblesse à la royauté, c'est qu'elle a les mêmes principes conservateurs.

Un des grands griefs contre la royauté c'est d'être inféodée à la noblesse et d'être la forme de gouvernement qui la favorise presque exclusivement.

Que la vraie noblesse de France soit dévouée par le fond de l'âme au principe de la légitimité, c'est un fait dont personne ne doute ; à l'exception de quelques transfuges peu dignes de figurer dans ses rangs, elle est serrée en effet autour de ce principe par un lien indissoluble que ni le temps, ni l'épreuve, ni la menace, ni la séduction n'ont affaibli ni relâché jamais.

Quelle est donc la raison de cet attachement que partagent d'ailleurs le clergé et un grand nombre d'hommes du peuple ?

On ne saurait l'expliquer par les rapports traditionnels qui ont existé entre la noblesse féodale et le roi son suzerain légitime.

Rivalité continuelle, complots incessants, souvent guerre ouverte, telle est en effet la vérité sur la nature de leurs rapports pendant plusieurs siècles. On ne voit d'union entre eux que lorsqu'il faut marcher contre l'ennemi commun et défendre la patrie menacée.

Méconnaître ce fait, c'est nier notre histoire qui n'est à proprement parler qu'une longue suite d'entreprises des nobles contre les rois et des rois contre les nobles au profit des libertés du peuple. Dans cette lutte où ils finirent par avoir le dessus, les rois sont même allés beaucoup trop loin ; car, en réduisant la noblesse à l'impuissance, ils se sont privés d'un grand secours pour le jour de l'épreuve et du malheur ; sans le vouloir ils ont travaillé à leur perte. Louis XVI a payé de sa tête cette faute politique ; car, devenu tout-puissant par l'affaiblissement de la noblesse, le peuple s'est révolté contre son souverain. Elevé par la royauté pour en être le soutien, il en a été le bourreau.

L'antagonisme entre la noblesse et la royauté, le rôle joué par elles nous donnent la clef de l'histoire de notre pays. Si là fut la source de bien des maux, là fut aussi l'âme des plus grandes et des plus nobles entreprises.

La royauté et la noblesse avaient les mêmes opinions politiques, le même principe monarchique traditionnel, qui est éminemment conservateur parce qu'il est basé sur la religion. Ouvrons l'histoire.

CHAPITRE III

Rivalité incessante du Roi et des nobles.

Sous la première race, les rois avaient concédé des terres, appelées bénéfices, à leurs compagnons d'armes pour les récompenser et se les attacher. Les successeurs de Charlemagne multiplièrent à l'excès ces sortes de concessions ; en outre tous les officiers, ducs, marquis, comtes... etc., investis du gouvernement des villes et des provinces, s'y rendirent peu à peu indépendants. Plus tard Charles le Chauve, inquiété par ces rivaux incommodes, finit par leur accorder l'hérédité de leurs charges et bénéfices.

Telle est la première origine de la noblesse ; ce fut un pouvoir immense qui s'éleva à côté de l'autorité royale et la diminua d'autant.

Chaque seigneur s'arrogeait dans ses terres les droits essentiels à la royauté, tels que ceux de faire la guerre, de rendre la justice, de faire exécuter les sentences, de battre monnaie ; seulement il était obligé à rendre hommage de fidélité au Roi et à le suivre à la guerre. La puissance de la noblesse s'accrut ainsi tous les jours et les rois Carlovingiens, trop faibles pour la tenir en respect, finirent par s'affaisser sous son poids. En 987, Hugues-Capet, duc de France, prit le titre de roi avec le consentement des principaux seigneurs. On peut donc dire que la seconde race royale fut détrônée par la noblesse qui la jugea indigne de conserver le pouvoir plus longtemps.

Dès ce moment la conduite des Capétiens était toute tracée ; agrandir leur domaine pour dominer la noblesse et lui imposer leur autorité, devint pour eux une stricte nécessité.

Les alliances, la conquête, l'affranchissement du peuple des villes et des campagnes furent leurs principaux moyens.

Le mouvement religieux opéré par les croisades seconda à merveille leurs desseins. Pour se procurer de l'argent, les seigneurs français furent obligés de vendre une partie de leurs terres et d'affranchir leurs serfs. Tout cela se faisait au profit du Roi et au préjudice de la noblesse ; car les hommes libres étaient placés sous la surveillance spéciale du trône, et ils devenaient les sujets du Roi le jour où ils étaient rendus à la liberté ! Louis VI et Louis X favorisèrent avec zèle et intelligence ce mouvement vers la liberté, le premier dans les villes, le second dans les campagnes.

A l'avènement de Philippe-Auguste, les seigneurs, profitant de la jeunesse du nouveau roi, levèrent l'étendard de la révolte ; mais ils furent bientôt réduits à l'obéissance. Saint Louis dut tirer l'épée contre le comte de la Marche. La puissance acquise par Charles VII et l'établissement des armées permanentes causèrent de l'ombrage à ses vassaux qui formèrent une ligue contre lui.

Tout le règne de Louis XI fut une lutte à outrance contre la noblesse qui, sous Charles VIII, chercha, mais en vain, à prendre sa revanche. Richelieu porta un coup mortel à cette rivale toujours remuante et ambitieuse. Louis XIV l'attira à sa cour et lui offrit des lauriers à conquérir. Louis XV acheva de ruiner la noblesse en l'entraînant avec lui dans une ère de débauche et de plaisirs, et l'endormit sur l'oreiller du crime.

Ainsi, presque toujours, méfiance réciproque, souvent antipathie, rarement intimité, tel est le caractère des rapports entre la noblesse et la royauté pendant quatorze siècles.

CHAPITRE IV

Patriotisme de la noblesse de France.

Si l'on peut reprocher à la noblesse française ses luttes incessantes contre le pouvoir royal, il est une vertu et une gloire qu'on ne saurait lui disputer : c'est le patriotisme.

Le témoignage du sang qui est le plus fort suffirait pour confondre les contracditeurs ; or ce témoignage elle l'a fourni de tout temps.

La noblesse aime la France. Au nom sacré de la patrie, sa figure s'anime, ses yeux brillent du plus vif éclat ; son âme naturellement guerrière respire les combats et la gloire ; son cœur magnanime bat avec plus de force, convoite les dévouements et les sacrifices, et se sent capable de tout entreprendre.

La noblesse aime la France parce qu'elle l'a conquise au prix de son sang. La France a eu des heures critiques, elle s'est vue plus d'une fois à la veille de périr ; dans toutes ces circonstances malheureuses, la noblesse s'est levée en masse pour la défendre. Soissons, Tolbiac, Vouillé, et tous ces champs de bataille d'où est sortie la France chrétienne, elle les a arrosés de son sang.

Sous la conduite de Charles Martel elle fit voler en éclats la fière armure de Mahomet. A Bouvines elle déjoua avec Philippe-Auguste les projets ambitieux de l'Europe coalisée. A Crécy, à Poitiers, à Azincourt, elle partagea la mauvaise fortune de la patrie.

Avec Duguesclin et Jeanne d'Arc, Dunois et Clisson, elle reconquit le sol de la France tombée presque en entier au pouvoir des Anglais. François Ier et Henri IV, Louis XIII et Louis XIV, Turenne et Condé l'ont conduite à la victoire. Gloire, Honneur, Patrie, telle a été sa devise dans tous les siècles ; elle n'en a pas changé depuis.

Un ami véritable tient à partager la fortune de celui qu'il aime. Comme il y a entre eux communauté de sentiments, il y a aussi communauté de joies et de peines ; en sorte que l'un ne saurait être heureux sans que l'autre le soit ; de même qu'il sera malheureux avec lui.

Il en est ainsi de la noblesse vis-à-vis de la France. De plus, celui qui aime sincèrement ne jouit qu'en présence de l'objet aimé ; c'est pourquoi son désir le plus ardent est qu'il vive toujours, et le coup fatal qui l'arracherait à sa tendresse serait un coup mortel pour lui.

De même la noblesse désire du fond de l'âme que la patrie vive toujours, grande et prospère. Or, l'expérience prouve qu'une nation ne peut subsister longtemps que sous l'influence vivifiante des principes conservateurs. Ces principes conservateurs, la Monarchie chrétienne les possède dans leur plénitude, et c'est là, je le répète, le secret du lien intime qui unit la noblesse à la royauté traditionnelle : elles partagent les mêmes sentiments de patriotisme ; elles se confondent dans un même dévouement à la nation ; elles ont les mêmes principes politiques ; des principes éminemment conservateurs.

CHAPITRE V

Les grandes nations ont obéi aux principes conservateurs.

C'est un fait invinciblement établi par l'histoire que toutes les nations, tous les peuples, tant anciens que modernes, qui sont parvenus à leur plus beau développement, qui ont eu la plus longue existence, étaient soumis aux lois des principes conservateurs.

C'est ainsi qu'ont grandi et prospéré : la Judée, l'Egypte, l'Assyrie, la Perse, Rome et Carthage chez les anciens ; la France, l'Espagne, l'Angleterre, l'Autriche, la Prusse, et la Russie dans les temps modernes. Nous établirons au contraire que les principes révolutionnaires ont conduit à l'abîme toutes les nations qui se sont livrées entre leurs mains.

Les lois générales qui président à la formation et à la prospérité des peuples ne variant point, les moyens qui assureront aujourd'hui leur durée et leur grandeur ne peuvent être différents de ceux qui ont opéré ce résultat dans tous les temps. Tout peuple sage et jaloux de sa prospérité a donc le devoir de s'y conformer.

Or, c'est à la Monarchie traditionnelle que la France doit quatorze siècles de prospérité : c'est par la Monarchie qu'elle est arrivée au plus haut point de grandeur et de puissance qu'une nation puisse espérer d'atteindre.

Il suffit pour s'en convaincre de parcourir ces belles pages de notre histoire où nous voyons la France, fille aînée de l'Eglise, sous la conduite de nos rois, être tant de fois l'arbitre des nations, devenir le centre de la civilisation, le pays des sciences et des lettres, le bras de la Religion, la providence des œuvres catholiques, le missionnaire et la bonne nouvelle des peuples sauvages, le foyer des grands sacrifices et des actions magnanimes, le marteau des barbares et des tyrans, l'envie de l'Europe, la gloire de l'univers, la nation providentielle ; et cela tant qu'elle a marché dans la voie de Dieu. Comment ce qui fit autrefois la force et la gloire de notre pays aurait-il perdu quelque chose de sa vertu première ?

Sous peine de périr, la France doit donc revenir aux principes qui sont la règle fondamentale des sociétés et leur condition essentielle de vie. Le simple bon sens confirme la vérité de cette conclusion. Ne dit-on pas d'une plante qui croît à vue d'œil et parvient rapidement à son parfait développement, qu'elle est dans son élément ; et d'une personne qui jouit d'une bonne santé, que l'air qu'elle respire lui convient, que le régime qu'elle suit lui est favorable ? En changer serait diminuer pour elle les chances de vie : il en est de même des nations.

On ne peut douter que ces principes, comme toutes les notions premières, ne soient une émanation de la sagesse divine, une règle fondamentale inculquée par la Providence dans l'esprit de tous les fondateurs d'Etats, une lumière céleste qui s'est reflétée dans l'intelligence de tous les législateurs primitifs. Il est à remarquer en effet que tous, à peu de différence près, ont posé les mêmes lois fondamentales.

Que ceux qui sont investis de la puissance souveraine ou législative méditent profondément cette grande vérité.

CHAPITRE VI

Les hommes les plus remarquables ont professé des principes conservateurs.

Il est dans le monde social un fait digne de remarque et qu'on ne saurait trop faire ressortir parce qu'on peut en déduire les conséquences les plus utiles et les plus fructueuses pour les individus comme pour la société ; c'est que les hommes les plus distingués par le génie, la science, le mérite et la vertu, ceux qu'on peut appeler à juste titre la lumière du monde et l'honneur du genre humain, sont aussi ceux qui ont donné des témoignages non équivoques de leur respect et de leur vénération pour les doctrines conservatrices, tandis que les doctrines révolutionnaires sont issues d'hommes pervers dont l'esprit était aussi égaré que le cœur corrompu et souillé de crimes ; d'hommes enfin qui n'attiraient le respect de personne, mais l'indignation de tous. On est en droit d'en tirer un argument d'une valeur réelle et d'un poids inconstestable, en faveur du sujet que nous traitons. Voici le sentiment de Platon qui s'était inspiré des idées de Socrate :

« L'ignorance du vrai Dieu est pour les Etats la plus grande des calamités. Qui renverse la religion, renverse le fondement de toute société humaine. C'est la vérité même que si Dieu n'a pas présidé à l'établissement d'une cité, et qu'elle n'ait eu qu'un commencement humain, elle ne peut échapper aux plus grands maux. Il faut donc tâcher d'imiter le régime primitif, et, nous confiant en ce qu'il y a d'immortel dans l'homme, nous devons fonder les Etats en conservant comme des lois les volontés de l'Intelligence suprême. Que si un Etat est fondé sur le vice et gouverné par des gens qui foulent aux pieds la vertu, il ne lui reste aucun moyen de salut. »

Xénophon ne pense pas autrement : « Les villes et les nations les plus attachées au culte divin, dit le philosophe, ont toujours été les plus durables et les plus sages ; comme les siècles les plus religieux ont été les plus distingués par leur génie. »

Cette parole du sage Plutarque est connue de tout le monde :

« On bâtirait plutôt une ville dans les airs que de constituer un Etat en ôtant la croyance des dieux. »

Les sages du christianisme ont parlé d'une manière encore plus précise : « La véritable religion étant fondée sur des principes certains rend la constitution des Etats plus stable et plus solide », dit Bossuet. « La religion catholique, a dit M. de Bonald, met l'ordre dans la société parce que seule elle donne la raison du pouvoir et du devoir. » Montesquieu dit aussi de cette religion que « c'est le plus grand bien que les hommes puissent recevoir. »

Ces hommes si remarquables par leur génie comprenaient tous les principes conservateurs sous le nom de religion qui, en effet, les embrasse tous. L'histoire leur apprenait que tous les gouvernements sages avaient protégé la religion, et que ceux qui s'étaient tournés contre elle avaient creusé un abîme où s'étaient engloutis les Etats ; la rectitude de leur esprit achevait de les confirmer dans ce sentiment.

Autres sont les principes du régime républicain ; autres aussi la conduite et les divers actes de ceux qui les professent et les mettent en pratique.

CHAPITRE VII

Caractère de la République actuelle.

Après avoir parlé du régime monarchique traditionnel, il nous reste à traiter de la République actuelle qu'on peut définir : Un mensonge, un régime d'argent, un régime de dupes, la fortune de quelques-uns et la ruine des autres.

Au nombre des dupes ne sont pas ceux qui, montés au faîte des honneurs, disposent à leur gré de la fortune publique ; mais bien les badauds qui leur ont servi de simple marchepied.

D'abord, il est à remarquer que ce régime vit de vague et d'équivoque. Le masque dont on a soin de le couvrir le fait accepter ou tolérer de plusieurs qui, sans cette précaution, l'abandonneraient à son sort, ou se poseraient en ennemis déclarés.

En sorte que le plus grand coup qu'on

puisse lui porter consiste à le mettre à nu et à le présenter aux yeux de tous tel qu'il est de sa nature, dépouillé de tout fard, de toute équivoque, de tout artifice. Il en est de la République en France comme de la religion chez les protestants ; chacun l'entend à sa manière. L'honnête paysan peu instruit et le bourgeois naïf entendent par ce mot vague *un régime doux, paternel, désintéressé, peu coûteux, où le peuple vit libre sous l'autorité des lois et non des hommes.*

Parce qu'ils se font de la République une fausse idée, ils ont quelque attache pour elle ; et ils crieront au besoin : Vive la République !!...

Evidemment ils sont dupes, comme nous le prouverons dans la suite.

Un grand nombre vivent dans l'indifférence en politique et dans une ignorance profonde de ce qui la touche. Ceux-là votent pour la République comme ils voteraient pour un autre régime, si l'heure présente lui était favorable.

Quelques-uns sont poussés vers la République par la perversion de leur cœur, parce que sous ce régime ils sont moins gênés pour satisfaire leurs coupables désirs. D'autres y sont amenés par le mauvais état de leurs affaires ; d'injustes créanciers oppriment leur liberté et font violence à leurs convictions.

Voilà les pères et les soutiens de la République actuelle : tous sont plus ou moins dupes ; et l'on dira que c'est un élan spontané qui les porte vers ce régime !!!... Allons donc !...

Mais il en est d'autres qui ne sont pas dupes à coup sûr et qui prennent la République pour ce qu'elle est en réalité ; ils la soutiennent à cause des biens qu'ils en retirent.

Pour eux, c'est une bonne vache à lait qu'il faut traire à loisir tant qu'elle restera sous leurs mains. Aussi l'ambition d'envahir le pouvoir et d'arriver aux charges publiques monte chez eux jusqu'à la rage et la frénésie.

Et les dupes d'alimenter cette vache de leur mieux, avec une bonhomie voisine de l'ineptie. « C'est à présent, disent-ils, que les choses vont bien ; car nous avons au pouvoir des hommes qui entendent bien le métier. » Et pleins d'enthousiasme, ils continuent à nourrir la vache avec zèle, sans néanmoins toucher au lait qui demeure toujours une chose sacrée et la part des habiles. C'est pourquoi les fonctionnaires n'ont qu'un souci : celui de se maintenir dans leurs places, au prix de tous les sacrifices ; et quand il faut les abandonner, les portefeuilles surtout, c'est une désolation ; on s'y cramponne jusqu'à la dernière heure et l'on ne cède que devant l'impitoyable nécessité : c'est l'histoire de grand nombre de ministres et autres employés. Ceux-là sont épris de la République ; on le conçoit sans peine, puisqu'elle n'est vraiment profitable que pour eux.

La République est donc surtout un régime d'argent.

Elle est aussi un mensonge lorsqu'elle se donne pour un gouvernement d'ordre, de liberté, de paix et de désintéressement. Où est l'ordre ?

Sur la rue ? le prêtre, le religieux, la sœur de charité y sont bafoués et insultés.

Dans l'armée ? Le travail de désorganisation dont elle est l'objet depuis longtemps y a jeté le désarroi ; et c'est à grand'peine et en bouleversant tout notre système de mobilisation qu'on est arrivé à constituer un corps expéditionnaire pour l'Algérie et la Tunisie en 1881.

Le désordre est partout; dans les villes, dans les campagnes, dans les administrations. L'ordre ne règne même pas à la Chambre. Les écoles universitaires, qui pèsent si lourdement sur notre budget, donnent souvent le scandale de l'indiscipline et de la révolte ; ces asiles de la science où l'on envoie la jeunesse française, pour y recevoir de bons exemples, pour s'y former à la soumission et au bon ordre, se transforment souvent en foyers de rébellion. Il faut quelquefois employer la force pour réduire au devoir les révoltés. Les cas de ce genre sont trop nombreux.

Où est la liberté ? Chez le père de famille ? Il est réduit au plus dur esclavage et forcé l'épée aux reins à mener son enfant à l'école sans Dieu, et par conséquent sans morale, car, en dehors de Dieu, pas de morale possible.

Dans l'église ? Aux jours de Néron, elle était moins enchaînée. Plus de processions, plus de manifestations extérieures du culte catholique. Les loges maçonniques sont ouvertes à deux battants et les cercles catholiques sont fermés sur le plus léger soupçon et le plus futile prétexte. Le scandale public des enterrements civils se donne sous le regard de la police avec une tolérance encourageante, et le prêtre en tremblant porte le baume du saint-Viatique pour calmer les souffrances de la dernière heure et satisfaire les désirs empressés du mourant. La liberté est l'apanage des seuls républicains, l'oppression pèse sur tous les autres citoyens.

Où est la paix? En Tunisie ? Nos troupes l'ont sillonnée les armes à la main, le canon y a grondé de toutes parts, les éclats de la fusillade ont fait retentir les échos de ces contrées; et aujourd'hui on marche contre le Tonkin où la guerre est allumée.

En Algérie ? Mais elle a été toute en feu et nos soldats y ont péri en masse. Néanmoins, la République c'est toujours la paix, si l'on en croit ses partisans.

Où est le désintéressement, cette vertu essentiellement républicaine ? Jetez les yeux de toutes parts et voyez si vous pouvez en découvrir quelque trace ? Comme les Khroumirs, elle a fui de nos palais.

Il faut aller à Rome, à Athènes, chez ces républiques vraiment dignes de ce nom pour rencontrer un Camille, un Fabricius, un Paul-Emile, un Scipion, un Miltiade, un Phocion, un Aristide.

Ici on verra un Léon Gambetta, un Albert Grévy, un Challemel-Lacour, un Jules Ferry, un Thibaudin...

Ce régime est donc une duperie, un mensonge, et, de plus, une comédie. Ceux mêmes qui l'exploitent ne le prennent pas au sérieux. Ils reconnaissent qu'il est impossible chez nous, et que travailler à l'établir c'est perdre son temps et sa peine.

Thiers a succombé à la tâche. Dufaure aussi, Freycinet et Ferry de même ; et le grand ministère, dont le public attendait des merveilles, après avoir donné dans le ridicule, s'est évanoui en quelques jours comme une ombre vaine : nouvelle scène comique après toutes les autres. Duclerc est tombé dans la poussière et Ferry reparaît avec ses vieilles galoches depuis longtemps usées.

Il est des plantes qui ne poussent pas dans certains pays malgré les soins empressés dont on les entoure et le vif désir de les faire croître ; le climat leur étant nuisible, elles sèchent et meurent ; et l'horticulteur se retire confus et désespéré. En France, la République a le même sort. Quand on la croit vivace et profondément enracinée, c'est alors qu'elle est près de périr.

Robespierre et Carnot, Sieyès et Barras le comprirent après 93 ; Louis Blanc et Ledru-Rollin l'apprirent en 48, et chaque nouvel essai de ce genre sera une déconfiture nouvelle. Pour bâtir un édifice il faut les matériaux convenables. La France n'a pas ceux dont on fait les républiques ; l'expérience le prouve.

CHAPITRE VIII

La République actuelle ne fait qu'un avec la révolution.

J'affirme en outre que la République actuelle est toute révolutionnaire, c'est-à-dire que ce n'est pas une République proprement dite. N'avons-nous pas dit que la République vraie c'est la paix, l'ordre, la liberté, le désintéressement, le respect de la loi? Par conséquent, là où il n'y a ni ordre, ni paix, ni liberté, ni désintéressement, ni respect de la loi, il n'y a plus de République, mais sa contradictoire la Révolution.

C'est ce point qu'il faut éclaircir pour désillusionner le peuple français généralement bon et honnête, mais qui se laisse facilement séduire. Quand la lumière sera entrée dans son âme, peut-être sera-t-il moins idolâtre de ses dieux républicains.

Un honnête homme n'aime pas à être dupe;

cela pique au vif, et blesse l'amour-propre. C'est pourquoi on voit avec peine des hommes animés de bonnes intentions pousser à la roue du char de la République avec la volonté formelle qu'il ne franchisse pas les bornes du champ républicain ; tandis que les conducteurs le mènent droit à la Révolution comme nous allons le démontrer. En effet notre République se confond avec la Révolution et ne fait qu'un avec elle.

Nous avons avancé que la République devait être un état libre où l'homme ne vit pas sous l'empire de son semblable, mais sous celui de la loi. Ce qui la caractérise c'est le respect de la loi, l'ordre, la même liberté pour tous, l'amour de la patrie, l'allègement des charges publiques, l'admission de tous les citoyens indistinctement aux fonctions de l'Etat, le désintéressement des hauts magistrats et le soulagement du peuple. A Athènes et à Rome, vrais modèles du genre, on l'a comprise de cette manière et même quelque temps on l'a ainsi pratiquée. Dépouillée de ces attributs, la République n'eût été aux yeux des peuples anciens qu'un masque, une parodie, la tyrannie la plus dure; en d'autres termes c'eût été la Révolution et le désordre drapés sous le beau nom de République: il n'est pas de tyrannie plus détestable que celle qu'on cache sous le manteau de la liberté et de l'hypocrisie.

La République est un état libre, avons-nous dit. Qui est libre chez nous? Sont-ce les catholiques? Leurs universités ne sont plus, leurs collèges sont poursuivis à outrance et arbitrairement fermés, leurs œuvres sont écrasées, leurs écoles fermées et les maisons confisquées : les maîtres sont indignement traités et quelquefois jetés sur la rue.

Sont-ce les religieux? Je vois leurs couvents crochetés, leurs cellules forcées, leurs propriétés violées, leurs personnes outragées, au nom prétendu de la loi. Qu'on se rappelle les tristes scènes du 29 juin et du 5 novembre 1880 où l'on chassa brutalement de leur domicile ces hommes paisibles et inoffensifs ; tandis qu'on rendait la liberté aux incendiaires et aux assassins de la Commune, leur ouvrant *gracieusement* les portes de la patrie !!!

On mit les communards en liberté *et le Dieu des chrétiens sous les verrous !!* Paris a été témoin de cet horrible forfait commis dans la chapelle des Jésuites ; le même forfait a été commis à Marseille dans la chapelle des Oblats. Les parricides de la Commune ont été reçus avec honneur et comblés de bienfaits, mais le Dieu de l'Eucharistie a été emprisonné !!! par ordre de la République opportuniste !!! .....

Le culte catholique est renfermé dans l'étroite enceinte de nos églises ; et celui de la libre pensée s'épanouit sans entraves sous le soleil. Est-ce la liberté ? est-ce l'égalité ? Voilà pourtant des faits incontestables, exécutés sous le régime soi-disant républicain, et connus de tout le monde. Encore une fois, est-ce la liberté ?

La loi est-elle respectée ? Ecoutons un organe de la presse française qui n'est point suspect. La *Lanterne* s'exprimait ainsi au commencement du mois de mai 1881 ; « Dès qu'une loi vous gêne, disait-elle aux opportunistes, vous en faites une autre qui vous met à l'aise et supprime la difficulté. Dès qu'une circonstance ne rentre pas dans les prescriptions de la loi, vous faites immédiatement une loi qui s'applique à la circonstance. Rien n'est plus commode ; avec ce système élastique et varié, n'importe quel gouvernement peut résoudre une difficulté par jour... en fabriquant une nouvelle loi. Tant pis si l'une contredit l'autre ; la dernière sera toujours la bonne. » Ces mots sont d'une justesse frappante.

La loi a perdu sa stabilité et son caractère sacré, pour devenir un instrument d'oppression. On a porté une cognée sacrilège sur la sainte forêt de nos lois, et l'on a abattu les plus belles cîmes. Qu'est devenue la loi qui garantissait aux catholiques la liberté d'enseignement ? Que sont devenues les lois sur l'aumônerie militaire, sur l'observation du dimanche ? Le vent révolutionnaire les a emportées : non seulement on ne respecte pas la loi, mais il n'y a plus de loi : c'est le règne du caprice. Qu'est devenue notre respectable magistrature ? A-t-elle été sacrifiée à son tour ? Oui, mais sa conduite a été magnanime, et par sa dignité elle s'est ménagé une belle page dans l'histoire ; sa gloire est montée jusqu'aux astres. Tel est le respect qu'on a eu pour nos lois, et pour ceux qui avaient charge de les faire observer.

Un autre caractère de la véritable République, c'est l'amour de la patrie. Pensez-vous que nos républicains soient pleins de cette vertu ? Quand on aime la patrie, on sacrifie tout pour elle, son sang, sa fortune, son avenir ; et ce sacrifice ne coûte pas. Régulus lui sacrifia sa vie, Léonidas son sang et sa couronne, Aristide son patrimoine, Démosthène ses talents et son avoir. Nos archontes modernes imitent-ils ces beaux exemples ? Mettent-ils leur fortune à la disposition de la République comme les anciens ? versent-ils leurs fonds pour enrichir l'Etat ? donnent-ils leur sang pour consolider la chose publique ? Vous le savez. En 1870, après le Quatre Septembre, devenus par la violence les maîtres du pouvoir, au lieu de fermer les plaies déjà faites à la France, sans consulter le pays, nos messieurs firent *la guerre à outrance,* entreprise aussi folle que criminelle, eu égard aux faibles ressources dont on disposait, et aux forces immenses de l'ennemi. Ce patriotisme tout nouveau nous coûta cinq milliards, deux provinces et un torrent de sang. L'histoire ne l'oubliera pas ; car c'est bien sur la République que nous devons faire retomber cette responsabilité pesante, puisqu'il ne tenait qu'à elle de composer avec l'ennemi. Pourquoi ne pas faire alors ce qu'on fit plus tard dans des circonstances moins favorables ? Mais périsse la France, s'il le faut, pourvu que nos républicains restent au pouvoir et disposent des finances ! Aussi leur fortune, bien petite à leur entrée aux affaires, a-t-elle grandi rapidement, et pris en quelques jours des proportions colossales; comparez leur situation présente avec celle du passé.

Ah ! c'est que, pour nos seigneurs républicains, l'amour de la patrie se confond avec l'amour de soi ! Rome, pour étendre le domaine de la République, répandit son sang le plus généreux; Athènes fit de même. En France, quand naguère le sol de la patrie était foulé sous les pieds des Prussiens, nos républicains étaient-ils au premier rang sur le champ de bataille ? Ont-ils donné l'exemple du dévouement, du sacrifice et du courage ? Chacun sait, et l'histoire redira quelle fut la conduite du plus grand nombre. Nos soldats mouraient de faim, et les républicains dévoraient le trésor public, *et fumaient des cigares exquis !!!* Les partisans du régime républicain ont aussi fait sonner bien haut les avantages qui devaient en résulter pour le pays, au point de vue de l'allègement des charges publiques.

Cependant, loin de diminuer, ces charges ne font qu'augmenter tous les jours. On crée sans cesse de nouvelles places pour contenter les appétits républicains, sans pouvoir les satisfaire. Récemment encorc, M. Gambetta créait deux nouveaux ministères dont personne ne sentait la nécessité, et, à cette occasion, M. Ribot, député républicain, était amené à déclarer à la tribune que la création de ces nouvelles places grèverait annuellement le Trésor de quatre millions. Dans toutes les branches de l'administration, cette augmentation s'est produite avec des proportions considérables ; le gouvernement républicain y a fait face à l'aide d'emprunts et de nouveaux impôts. C'est ainsi que depuis 1876 notre budget s'est élevé de 850 millions. Qui paie cela ? Les contribuables, c'est-à-dire le peuple. Le peuple croira-t-il encore que la

République est le gouvernement à bon marché?

Oui, on l'a dit à haute voix : « La République c'est le gouvernement à bon marché. » D'après eux, que signifie le mot : *gouvernement à bon marché?* car ces messieurs ont une langue à part, incomprise de ceux qui ne sont pas initiés aux mystères de la secte. — Si le *gouvernement à bon marché* était celui qui pèse le moins sur le budget de l'Etat, pour savoir si la proposition est vraie, il suffirait de comparer les dépenses précédentes avec celles d'aujourd'hui.

Or, un jour, en plein parlement, on a démontré que la République dépensait 87 millions de plus que les autres régimes. D'où il suit, que la République sera le *gouvernement à bon marché*, à la condition que « *bon marché* » signifie un *faible surcroît* de 87 millions de dépenses annuelles pour le pays ! ! ! Voilà le bon marché de la République !

A côté de cela, qu'a-t-on fait pour venir en aide à l'agriculture qui succombe sous le poids des impôts, et dont les souffrances, dénoncées de toutes parts, demandent un prompt remède et compromettent sérieusement la prospérité de notre pays ? — Rien. Mais pourquoi diminuer les impôts ? *La République a besoin d'argent.* Diminuer les impôts serait soulager le peuple et améliorer son sort, ce qui n'est pas le but de leurs desseins, on le comprend sans faire d'efforts.

Il faut de l'argent à nos maîtres du jour pour qu'ils puissent s'enrichir, jouir, et s'amuser à leur aise, lorsque le peuple gémit dans le besoin, vit dans la misère et dans les plus dures privations. Le travail manque, les affaires se ralentissent, la confiance s'éteint, l'argent devient rare, le peuple souffre et manque de pain ! Qu'importe ? nos maîtres républicains font de grosses fortunes; ils donnent de splendides festins, ils se livrent à tous les plaisirs de la vie, sans avoir le moindre souci du peuple qui endure la faim. L'or et les plaisirs pour eux; pour le peuple, les privations et la misère. Qui oserait s'en plaindre?...

La République devait être la paix; ce qui n'empêche pas qu'elle n'ait follement jeté la France dans l'aventure de Tunisie, qui nous a déjà coûté 80 millions; et, au moment où j'écris ces lignes, dans la guerre du Tonkin.

Une accusation publique a été portée à la tribune, et les raisons données par le gouvernement pour justifier la guerre de Tunisie faite sans le consentement des chambres n'ont satisfait personne. Depuis, un jugement bien motivé du tribunal de la Seine a montré trop clairement que cette campagne n'avait été entreprise que pour couvrir des tripotages financiers. Il demeure ainsi constaté que c'est pour enrichir les siens, que la République dépense l'argent de la France et répand le sang de ses soldats.

L'admission de tous les citoyens à tous les emplois, sans distinction d'opinions ni de partis, est encore une des lois fondamentales du régime républicain. Qu'en a-t-on fait? Les républicains ont prétendu que la République ne serait viable que s'ils disposaient en maîtres du gouvernement, et que c'était à cela qu'il fallait attribuer tous ses échecs, toutes ses fautes, son impuissance dans le passé et dans le présent. Leur désir a été largement réalisé. Toutes les administrations, depuis le haut jusqu'en bas, ont été soigneusement *épurées*, sans tenir compte du talent, du mérite, des services rendus ; il n'y a plus partout que des républicains.

Nous en recueillons les fruits aujourd'hui, et, si amers qu'ils soient, les Français ne peuvent s'en prendre qu'à eux-mêmes.

Peuple, tu souffres ! De quoi te plains-tu ? tu as voulu la République, tu l'as ; savoures-en les charmes. La République est ton œuvre. Sois donc satisfait, et ne te plains plus de ta misère, puisque tous tes flatteurs, tes prétendus amis, sont devenus, par toi, riches et puissants.

La loyauté et la franchise sont aussi, dit-on, des vertus républicaines. Voyons comment les pratiquent nos républicains. Au moment des élections du 21 août, l'expédition de Tunisie était arrêtée dans les projets du gouvernement, et les préparatifs de la campagne avaient reçu un commencement d'exécution ; les conservateurs jetèrent le cri d'alarme en dénonçant le fait aux électeurs. Le gouvernement n'hésita pas à donner un démenti formel à ces bruits de guerre, et à affirmer ses intentions pacifiques, pendant qu'il faisait embarquer secrètement des troupes ; mais la dépêche

Tricou, tout assaisonnée de mensonges, est leur plus beau chef-d'œuvre.

Dans leur campagne contre l'Eglise, qu'ils ont pour but de détruire, les républicains font preuve de plus d'hypocrisie encore.

C'est sur l'enseignement congréganiste qu'ils dirigent les premiers coups, en reprenant une à une toutes les conquêtes de la liberté sur ce point. Les universités catholiques d'abord sont mortellement frappées par la suppression des jurys mixtes ; vient ensuite l'article 7 dirigé contre l'enseignement secondaire ; son rejet par le Sénat suscite les décrets iniques et illégaux qui ordonnent l'expulsion violente des Jésuites et de tous les ordres religieux ; la lettre d'obédience est déchirée ; puis, une fois les frères et les sœurs chassés de leurs écoles, on expulse Dieu, et l'on décrète l'enseignement laïque et obligatoire, c'est-à-dire athée. Bientôt les croix et images sacrées sont violemment arrachées des écoles primaires ; néanmoins on avait promis solennellement de respecter la liberté des catholiques.

D'une main on persécute l'Eglise, de l'autre on feint de la soutenir. On expulse les religieux et l'on nomme des titulaires aux évêchés vacants. On vote le budget des cultes, et l'on prend tous les moyens pour étouffer la religion et la bannir loin du pays : le cléricalisme, voilà l'ennemi... On diminue le traitement des évêques, et l'on augmente celui de quelques desservants pour éblouir le peuple ; on chasse le prêtre des écoles primaires, et l'on maintient les aumôniers dans les lycées ; c'est inouï, tant c'est hypocrite ! ! !

C'est ce que les habiles appellent procéder avec méthode. *Allons lentement, mais sûrement*, telle est la tactique de l'opportunisme. Julien l'Apostat, ce grand persécuteur de l'Eglise, ne faisait pas mieux. — On chasse les sœurs des hôpitaux de Paris, on les maintient dans ceux des provinces ; même conduite pour les aumôniers. Comprenez-vous une semblable politique, une conduite si contradictoire ?... C'est révoltant ! ! !... Voilà pour ce qui est de la loyauté des républicains.

Quant à leur désintéressement nous savons déjà à quoi nous en tenir ; il suffit de mentionner, en passant, les fortunes aussi scandaleuses que colossales, bâties sur les ruines de la patrie ; toutes les places les plus lucratives occupées par les hommes les plus incapables. Les païens eux-mêmes comprenaient mieux le désintéressement, et l'histoire nous cite l'exemple d'Aristide, longtemps gouverneur de la République d'Athènes, qui mourut pauvre ; de Paul-Emile, qui, après avoir enrichi Rome des immenses trésors conquis sur les Macédoniens, ne laissa pas de quoi se faire enterrer ; de Mummius, vainqueur de l'opulente Corinthe, aux funérailles duquel l'Etat dut aussi pourvoir, parce qu'il mourut dans le dénûment. Pour nos républicains, il n'en sera pas ainsi ; après avoir administré la chose publique quelques jours seulement, les voilà riches de plusieurs millions. Si on les enterre aux frais de l'Etat, ce n'est pas qu'ils meurent pauvres, vous le savez. On peut donc affirmer que jamais, et surtout en France, la République n'a réalisé l'idéal qu'on s'est fait d'elle.

La République ne saurait être un gouvernement d'ordre et de liberté, car elle est la réalisation la plus complète de la Révolution ; et les mots de liberté, égalité, fraternité écrits en tête de tous ses actes, et gravés au frontispice de tous nos monuments publics, ne sont qu'une devise mensongère, conçue pour abuser le peuple sur le véritable but de la Révolution.

CHAPITRE IX

Les fruits naturels de la Révolution sont la ruine et la mort.

Partout où elle a passé, la Révolution a semé le bouleversement, le désordre, la ruine et la mort. Tel est l'enseignement de l'histoire.

Personne n'ignore les ruines accumulées par elle, à la fin du siècle dernier, sur notre malheureuse patrie. Le vol, l'incendie, le pillage, la confiscation, l'exil, la prison, le meurtre sont les moyens à l'aide desquels la Révolution a pratiqué la liberté, l'égalité, et la fraternité. Dans les milliers de victimes immolées à sa fureur, la Révolution ne tenait compte ni de l'âge, ni du sexe, ni de la condition, ni du mérite, ni même des opinions. Parmi les condamnés on trouve l'humble ouvrier à côté du grand seigneur, le paysan à côté du général, et le sans-culotte auprès du royaliste, le prêtre apostat auprès du prêtre fidèle, le philosophe à côté de l'homme sans lettres, le rationaliste à côté du martyr, l'homme sans mœurs à côté du saint religieux. Les victimes furent beaucoup plus nombreuses dans les rangs du peuple que dans les rangs de la noblesse et du clergé. Dans l'Ouest seulement, sur 900.000 victimes, on a compté 15.000 femmes et 22.000 enfants ; à Nantes, le plus âgé des enfants fusillés n'avait pas quatorze ans !

La Révolution a couvert de sang les nations antiques comme les modernes ; l'Egypte et la Syrie, la Médie et la Perse, la Grèce et l'Italie ont été décimées par elle ; son fruit fut toujours la mort : elle ne vit que de sang ; le répandre avec abondance, voilà ses plus chères délices.

La Révolution triomphe de nouveau en France, et sa victoire actuelle est la plus considérable qu'elle ait remportée dans notre pays depuis 1792.

Les traditions de cette funeste époque sont reprises les unes après les autres, et cette fois la Révolution prétend les étendre à l'Europe tout entière. Elle a prononcé une sentence de mort contre toutes les têtes couronnées et contre tous les chefs d'Etat qui lui font obstacle.

Son poignard a déjà atteint Alexandre II, le président Garcia-Mareno et le président Garfield ; elle a multiplié les attentats contre les empereurs d'Allemagne et de Russie, le roi d'Espagne, le roi d'Italie, et la reine d'Angleterre.

En France, les criminelles entreprises de la Convention se renouvellent contre la religion, contre la magistrature, contre les écoles chrétiennes, contre l'âme de l'enfant et les droits du père de famille, contre toutes les libertés les plus nécessaires et les plus sacrées, contre les aumôniers, etc...

En attendant que les églises volées à Dieu et aux catholiques soient transformées en mauvais lieux, un gouvernement de sectaires décroche les crucifix dans les écoles, abat les croix dans les rues, déboulonne les statues des saints sur nos places publiques ; et il se dit le soutien de la religion !!!

Les confiscations révolutionnaires de 1792

ont reparu avec la loi Brisson sous une forme déguisée. Ce n'est qu'un début ; d'autres spoliations se préparent, et tout annonce que bientôt la propriété ne sera pas plus respectée que l'inviolabilité du domicile et la liberté du citoyen ; s'ils n'arrivent pas à les violer, c'est la faiblesse et l'impuissance qui les arrêtent en chemin, mais non le défaut de volonté. L'impiété et l'immoralité débordent. Jamais on n'a vu un déchaînement plus violent contre les choses saintes ; jamais la débauche ne fut plus cynique ; jamais les écrits pornographiques ne furent plus nombreux et plus provocants.

En un mot, avec la République anti-chrétienne, la Révolution a ramené tout son cortége de passions et de haines, de violences et de tyrannie.

Mais portons nos regards, il en est temps, sur la face la plus envenimée et la plus perfide que la Révolution ait jamais prise ; je veux parler de l'opportunisme.

L'opportunisme, poison mortel, serpent venimeux, artisan de violence, de désordre et de ruine pour le pays, mais habile monnayeur et père en peu de temps d'immenses fortunes qui s'étalent avec effronterie en face de la misère publique ; l'opportunisme, monstre hideux dont la vie intime est : *mentir, songer à soi,* et *tout sacrifier à son propre intérêt.* Il poursuit le même but que la Révolution, mais par des voies détournées, d'autant plus dangereux qu'il cache avec plus d'artifice un poison subtil. Un ennemi déclaré serait moins à craindre.

Que Dieu vienne en aide à la France catholique !

CHAPITRE X

L'opportunisme.

L'opportunisme c'est l'inconséquence même. Son principe arrêté, c'est de n'en formuler aucun, afin qu'on aperçoive moins les continuels soubresauts de sa politique mobile ; car ce nouveau caméléon change de couleur à toute heure, selon le besoin du moment, et il condamne le lendemain son ouvrage de la veille, peu soucieux de se déjuger quand il le croit utile à sa cause.

En effet, attentif à la direction de tous les courants politiques, il s'abandonne à leur souffle d'où qu'il vienne, et il subit de plein gré le mouvement du plus fort ; semblable à la girouette flanquée au haut des tours, il tourne dans tous les sens avec une facilité prodigieuse ; la souplesse et l'élasticité sont ses attributs les plus chers. Il n'a qu'une idée fixe : faire de l'argent, se maintenir au pouvoir à tout prix, et s'efforcer de le reprendre s'il échappe de ses mains; car sa vie, c'est la domination, et quand il ne gouverne pas, il n'est plus rien.

Dans ses pensées, dans ses conseils, dans ses actes, il n'envisage que lui; la fin de ses évolutions si variées et si multiples, c'est lui-même; ses moyens sont lui-même encore et tout ce qui est distinct de lui. Au reste, dans le choix des moyens il n'éprouve aucun embarras; tous sont également bons, et le succès les justifie et les consacre, quels qu'ils soient.

Au moins les intransigeants sont fidèles aux lois de la logique : ils poursuivent sans ménagement et avec furie la destruction de la société et le renversement des Etats, et ils dirigent ouvertement vers ce but leurs formidables batteries.

Pour l'opportunisme il n'en est pas de même; de logique, il s'en pique assez peu, et il se garde bien de secouer trop violemment la colonne de l'Etat, parce que celui-ci le fait vivre et lui apporte de gros revenus; mais il entame partiellement toutes nos institutions fondamentales pour se faire supporter par le parti extrême, et il a l'air de respecter certaines choses qui touchent la religion, pour ne pas trop indisposer les catholiques et pour donner plus de durée au fléau de la situation présente ; par là il trompe les uns et les autres, et il les enveloppe tous dans une duperie commune.

D'après lui, renverser peu à la fois c'est un coup de main habile ; attaquer tout à la fois serait une bévue. Chasser d'un trait tous les religieux et les bannir de la patrie, c'eût été une faute; mais en expulser une partie d'abord et l'autre bientôt après, voilà le comble de la sagesse et du mérite. Supprimer le même jour les universités catholiques, l'aumônerie militaire, etc., c'eût été imprudent et condamnable, mais obtenir le même résultat par plusieurs tentatives diverses, c'est la perfection même.

La France brille-t-elle depuis qu'elle se trouve entre les mains de l'opportunisme et de la Révolution ?

Gardez-vous de le croire ; loin de briller elle perd tous les jours de son éclat ; tout est en décadence, tout, excepté les opportunistes qui fleurissent comme les rosiers au printemps. Les affaires générales languissent, mais les leurs, au contraire, sont en pleine prospérité ; et la France entière est en mouvement et en travail pour leur procurer des délices.

O heureux mortels !... Néanmoins, d'après les données de la raison, le parti qui a le moins d'avenir c'est celui-là, parce qu'il ne repose sur aucun principe. A la vérité, cette puissance qui s'est élevée jusqu'aux cieux, qui a longtemps réglé les destinées du pays, et qui aspire à les régler encore ; cette puissance, dis-je, manquant tout à fait de fondement comme l'édifice bâti sur le sable, s'écroulera sous les premiers efforts de la tempête, et elle aura le sort du vase d'argile mis en morceaux ; chacun y marchera dessus.

France, France ! quand donc sortiras-tu de ton assoupissement ? quand ouvriras-tu les yeux pour voir que tu es l'humble servante de quelques aventuriers qui savent te jeter de la poussière aux yeux ?

France, tu es bien malade ! tu es descendue bien bas, puisque la Providence t'applique un remède si violent et te soumet à des maîtres si rudes, qui t'écrasent sous un joug de fer, pressé par une main de velours.

La monarchie très chrétienne et très glorieuse, qui t'a donné la forme que l'Europe t'envie, peut seule te relever et te reconstituer avec l'aide de Dieu.

France, fais monter une prière et un soupir vers le Dieu qui t'a bien favorisée jusqu'aujourd'hui et qui te réserve encore des faveurs nouvelles, à la condition que tu te disposes à les recevoir. France, reconnais ta faute, abjure tes erreurs, adore le Dieu que tu as outragé, brise l'idole des passions et celle de la Révolution que tu as trop longtemps adorées, et rentre dans les voies de la justice.

L'histoire, la réflexion, l'expérience, les maux que nous souffrons, tout nous instruit, nous engage et nous presse de rentrer en nous-mêmes et de revenir à de meilleurs sentiments; néanmoins, nous restons plongés dans un engourdissement qui désole.

Que Dieu réveille la France catholique!

CHAPITRE XI

La Royauté repose sur les principes conservateurs.

Si la Révolution est destructrice de toute liberté, de toute religion, de toute morale ; si elle ne tend qu'à developper le désordre à l'intérieur ; si elle ne peut que nous susciter des dangers au dehors, bien différente est la monarchie légitime.

Sa tradition, ses tendances, son programme assurent le maintien et le respect des institutions fondamentales, sur lesquelles repose la société, telles que la religion, la magistrature et l'armée.

La monarchie légitime donne seule la garantie de l'ordre, en consacrant l'inviolabilité de la propriété et des droits individuels, gage de la sécurité publique ; elle ranime la confiance qui favorise le développement des affaires et du travail ; l'agriculture trouve en elle son protecteur et son soutien naturels.

Par l'appui ferme et sincère qu'elle a toujours prêté à l'Eglise, elle donne à tous l'assurance que le mal sera réprimé, le bien encouragé, le crime puni, la vertu et le mérite récompensés.

Le retour à ces traditions, à ces règlements du gouvernement monarchique chrétien, aura pour conséquence la prospérité générale, la tranquillité et la gloire de la patrie.

Par ces principes, la France peut se relever et reprendre sa place à la tête des nations. Tandis qu'en réalité la République la condamne à l'isolement dans l'Europe monarchique, la royauté lui procurerait les alliances dont elle a besoin, à cause de la confiance qu'elle inspire.

Ici encore l'expérience du passé conclut en faveur de la monarchie sur la République. La France compte quatorze siècles d'existence sous le régime monarchique, qui en a fait la première nation du monde; la Révolution est passée sur elle comme un torrent dévastateur, et elle a tout détruit en quelques années.

CHAPITRE XII

La République a toutes les chances qu'elle peut désirer pour devenir le gouvernement définitif.

C'est en vain que la Révolution prétend n'avoir jamais pu parachever son œuvre, à cause des résistances auxquelles elle s'est heurtée. Elle n'a plus le droit de se plaindre.

Toutes les forces vitales de la nation sont entre ses mains, l'administration et l'armée lui appartiennent, la magistrature est à sa dévotion ; elle est maîtresse du pouvoir législatif, de la presse, de l'enseignement ; elle dispose enfin à son gré du budget, ce grand ressort qui met en mouvement tout le mécanisme de l'Etat, et au moyen duquel un gouvernement despotique parvient à peu de frais à se faire tant de créatures.

Au point de vue humain, toutes les chances de succès sont donc pour la Révolution, qui dispose de tout, tandis que ses adversaires sont vaincus, presque découragés et impuissants à l'arrêter dans sa marche. Si cette fois elle ne remporte pas une victoire définitive, ce sera la preuve irréfutable qu'elle n'est pas faite pour gouverner. Si elle se montre de plus en plus incapable d'assurer la tranquillité au dedans, la paix à l'extérieur, de maintenir l'ordre et de ramener la prospérité, c'est qu'elle n'est bonne que pour détruire, et qu'elle est impuissante à édifier. Peut-être qu'alors les Français désabusés ouvriront enfin les yeux. Mais, pour en arriver là, il semble nécessaire que chacun ait goûté aux fruits amers de la Révolution et en ait ressenti personnellement les effets désastreux.

Dieu ne laisse évidemment tant d'avantages à la Révolution que dans un grand dessein. Sa sagesse et sa Providence ne sont jamais en défaut; il ne fait rien que dans un but digne de Lui, conforme à sa gloire et au bien de l'humanité. S'il lâche ainsi les rênes à la Révolution, c'est afin qu'on la voie à l'œuvre une fois de plus, et qu'après cette nouvelle épreuve chacun puisse porter sur elle un jugement équitable et définitif.

La Révolution triomphe, mais son triomphe

n'est que momentané ; car elle travaille elle-même à sa ruine, en s'attaquant à Dieu et à l'Eglise. Le côté le plus saillant de la République actuelle est en effet la guerre acharnée qu'elle fait à la religion. La Terreur fut plus brutale, mais elle poussa moins loin la passion antireligieuse.

Du choc de ces deux doctrines essentiellement opposées et irréconciliables, la doctrine révolutionnaire et la doctrine catholique, rejaillira un trait de lumière qui éclairera le genre humain et dissipera bien des préjugés ; à la lueur instructive de cette douce lumière, on verra clairement, on goûtera même la supériorité infinie des principes catholiques sur ceux de la Révolution, et l'on sentira le besoin de revenir aux premiers. Cette vérité importante et trop longtemps méconnue se fera jour, même à travers les intelligences obscurcies par la passion et les préjugés ; à cette heure on s'apercevra enfin que les fruits de l'Evangile sont la paix, la prospérité, le salut et la gloire des nations, tandis que ceux de la Révolution en sont le fléau et la ruine, la misère et la mort.

Que Dieu éclaire la France catholique !

CHAPITRE XIII

Un gouvernement qui donne la main à la Révolution ne saurait durer.

L'unique condition d'existence pour une république, c'est qu'elle soit gouvernée par des hommes vraiment républicains ; mais en France on ne trouve pas d'hommes qui sachent s'arrêter sur la pente de la République ; ils sont ou révolutionnaires ou monarchistes. Or, une République-Révolution ne dure pas ; l'histoire n'en fournit point d'exemple. Fléau elle-même, elle subsiste autant que les fléaux, c'est-à-dire peu de temps ; rien de violent ne dure ; la nature le repousse de son sein, d'un bras énergique et infatigable. Comment donc se fait-il que le régime actuel, violent s'il en fut jamais, se maintienne si longtemps ? L'histoire, la raison, la nature sont contre lui ; néanmoins, voilà treize ans qu'il est debout.

Les transports de la colère et les saillies de la violence et de l'emportement s'éteignent de suite ; les éclats du tonnerre ébranlent un instant la terre et les airs, et ils expirent peu après dans les échos lointains des collines et des montagnes ; l'orage, en quelques moments, anéantit l'espérance du laboureur et s'évanouit après comme un songe.

Le bon sens et l'expérience disent que le câble trop tendu doit se rompre, que le mur fortement battu se renverse ; le bûcheron jette instinctivement le fardeau qu'il ne peut plus porter.

L'appui moral fait encore défaut ; ce régime est généralement décrié pour ses violences et ses injustices ; il soulève de grands mécontentements ; même parmi les siens, il compte plus d'adversaires que de chauds partisans ; la haute société le méprise et lui fait une opposition habile qui le renversera à la longue ; l'honnête homme se sépare de lui à mesure que la lumière se fait ; le peuple commence à sentir qu'il est dupé par ces meneurs qui, une fois montés au pouvoir, ne songent qu'à eux-mêmes ; les fortunes colossales réalisées en quelques jours parmi les républicains soulèvent l'indignation générale; l'ouvrier qui souffre dit : « Hier encore ils partageaient notre misère et notre dénûment; aujourd'hui ils mènent le train des grands seigneurs; comment s'est opéré un changement de fortune si subit? »

Aucun peuple de l'Europe n'a de sympathie pour ce régime, et tous le regardent avec défiance ou avec mépris; une grande division règne entre les députés de la gauche et ceux de la droite. Une haine implacable creuse un abîme entre les intransigeants et les opportunistes qui, eux-mêmes, ne sont point d'accord avec les députés moins avancés du parti; or, « tout royaume divisé périra », c'est la sentence divine; cependant, le régime actuel se maintient contre toutes les lois de l'existence.

Il s'ensuit qu'une main invisible, mais puissante, le soutient et le prolonge pour notre malheur!..... punition providentielle, infligée à la France coupable envers Dieu et envers l'Eglise!... Depuis cent ans elle a renié son Dieu et elle se fait gloire de son impiété. Non contente de sa propre apostasie, elle invite les autres nations à boire aux mêmes sources d'athéisme.

Comme Etat, elle n'a pas de croyance ; son antique législation, qui était si belle et si catholique, elle l'a remplacée par une législation athée.

Si les provinces pontificales ont été envahies et enlevées au Pape ; si celui-ci gémit prisonnier au Vatican, la faute en revient à la France. Elle a semé la Révolution dans les Etats de l'Eglise, en permettant aux Piémontais d'exciter ces provinces à la révolte contre leur chef légitime ; et Dieu la punit elle-même par la Révolution, armée d'une hypocrisie et d'une rage infernales, qui dépassent l'ordre naturel.

Ce qu'il y a de plus frappant, c'est que notre malheur se prolonge comme celui du Chef de l'Eglise, et qu'il a commencé au même moment. Bien plus, ni pour la France, ni pour le Pape on ne saurait prévoir l'heure de la délivrance. On dirait que notre souffrance doit durer autant que la sienne.

Mais Dieu détruit bientôt la verge dont il frappe les nations coupables ; c'est une loi de sa Providence; et la Révolution est une verge maudite que Dieu lui-même brisera, j'espère. En ce moment nous respirerons à notre aise.

Comme Dieu paraît grand et juste dans le gouvernement du monde! Les peuples sont soumis à ses lois; il les oblige à lui rendre hommage et à lui rester fidèles. S'ils s'écartent de ce devoir, il les ramène par le châtiment. Il a établi dans ce monde la pluralité des nations et la pluralité des pouvoirs pour les châtier les uns par les autres, à mesure qu'ils viennent à faillir.

Nous allons faire quelques réflexions utiles et même importantes sur un sujet si grave.

CHAPITRE XIV

Origine et raison du pouvoir.

« Tout pouvoir vient de Dieu » ; c'est un présent de sa magnificence, qui rapproche l'homme de la divinité dont il tient la place ici-bas et dont il exerce les fonctions sacrées. Quel autre qu'un Dieu créateur, et à ce titre Maître absolu de toutes choses, peut exercer sur elles un empire légitime et les soumettre à ses lois ? Cependant il daigne partager son autorité avec l'homme ; et à ce faible roseau il communique la puissance souveraine qui est un attribut divin.

De là l'usage de faire tomber l'huile sainte sur le front des monarques, pour faire comprendre qu'ils sont élevés au-dessus de leurs semblables, et les ministres ou lieutenants sur la terre du Dieu trois fois saint. Usage très significatif et très fondé en raison, sur lequel les philosophes ont versé la raillerie ;

mais il est au-dessus de leurs sarcasmes et de leur sotte vanité.

En déployant tant de magnificence, Dieu peut-il se proposer autre chose que sa propre gloire, le bien de l'homme et celui de la société ? Par conséquent, le premier devoir du Souverain, quel qu'il soit, n'est-il pas de veiller à ces trois choses et de travailler par tous les moyens à les procurer, puisqu'il n'est élevé au rang suprême que dans ce noble but ? *Le prince porte le glaive afin de punir le crime et de favoriser la vertu;* c'est la pensée de saint Paul. S'il est mandataire de Dieu, le prince ne doit-il pas se maintenir dignement à la hauteur du poste éminent qu'il occupe? Mais l'homme abuse de tout, même des choses les plus sacrées. Ce pouvoir qu'il avait reçu pour faire respecter les droits de Dieu et ceux de ses semblables, souvent il l'a exercé pour contenter son ambition et ses désirs coupables, détournant cette sainte institution à un usage profane et criminel. A ce moment, Dieu retire la puissance au prince indigne et il la confie à une autre main ; s'il n'agissait pas ainsi, l'instrument de conservation deviendrait un instrument de ruine et de désordre, et la société périrait. « Dieu, dit l'Ecriture, transfère la puissance d'une nation à une autre, à cause des injustices de ceux qui l'exercent. »

Ainsi, Dieu donne la puissance et il la retire, selon les règles de sa justice toujours droite et de sa sagesse toujours infaillible et toujours paternelle, pour faire voir qu'il en est le maître absolu et qu'il en dispose à son gré.

Cette façon d'agir est propre à humilier ceux qui commandent, à les mettre en garde contre l'abus de l'autorité et à leur inspirer la crainte des jugements de Dieu, qui transmet la puissance d'un peuple à l'autre, d'une nation à une autre nation, d'une famille à une autre famille, d'un conquérant à un conquérant nouveau, selon les lois de son éternelle Providence, toujours sainte et toujours juste.

Il plaça d'abord le glaive du commandement entre les mains des Assyriens, bientôt après entre celles des Perses, d'où il le transmit aux Grecs et aux Romains ; mais il le retira aux uns et aux autres après qu'ils en eurent abusé.

En France, le pouvoir est passé alternativement à la royauté, à la noblesse et à la Révolution par les mains du peuple, car le peuple n'a jamais gouverné par lui-même. Les deux premières en ont abusé et Dieu s'est servi de la Révolution pour les châtier l'une et l'autre. La Révolution en abuse plus que personne... Quand l'abus sera parvenu à son comble, à son tour la Révolution tombera sous les coups de la justice divine.

Dès lors, ou la France ne comptera plus parmi les nations, ou le Roi ressaisira le sceptre.

Mais laissons ces considérations pour prêter une oreille attentive à la voix pleine de douceur et d'espérance qui part des entrailles de la patrie en souffrance, et qui est inspirée par la réflexion, le repentir et la misère publique.

CHAPITRE XV

La France, fatiguée de République, désire le retour du Roi.

En effet, autour de nous un changement s'opère dans les esprits, et ce changement si désiré réjouit les âmes vraiment françaises. Sur tous les points de la France un besoin nouveau se fait sentir, une idée nouvelle se fait jour : les enfants souffrent de l'absence du père et leur pensée se porte vers lui. Une voix plus douce que le zéphir du printemps se fait entendre aux oreilles attentives : « Où est le Père, où est le Roi ? » Des villes cette voix retentit dans les campagnes ; des plaines et des vallées elle passe aux échos des collines et des montagnes. « Où donc est notre père ? » se demande-t-on d'un concert unanime. Un cri plaintif sort des entrailles de la patrie gémissante : « Qui me tirera de la fâcheuse situation où je me trouve ? » dit-elle.

« Le mal a gagné tous mes membres, une fièvre pernicieuse me dévore; je cherche le repos et ne le trouve point. Qui me rendra la paix qui m'est si nécessaire et sans laquelle je ne puis ni me refaire, ni reprendre mon ancienne vigueur ? »

La pensée la plus naturelle d'un malade, c'est le désir de la santé; or, la santé arrive par les soins du médecin. Où est donc le médecin de la France qui souffre?

Le passant outragé sur la rue, le père de famille violenté dans ses droits les plus sacrés, par une loi aussi absurde que criminelle, qui lui arrache ses enfants; la religion insultée, foulée aux pieds; les christs et les statues brisés; l'Eglise persécutée sourdement; l'armée désorganisée, la magistrature décimée d'abord, abattue ensuite; le sentiment national presque éteint, réclament le retour à l'ordre, à la modération, au respect de la loi et de l'autorité, et au règne de la justice.

Qui fera renaître ces vertus dont nous avons tant de besoin, et réparera tant de désastres? Où est le prince animé de l'esprit de Dieu et des principes solides qui font la force, la grandeur et la durée des peuples, et qui les renouvellent quand ils se sont relâchés et qu'ils sont déchus de leur première grandeur ?

Les villes déchirées par l'esprit de parti qui allume chaque jour les haines et enfante les rixes ; le moindre village divisé en deux factions ; la désunion des familles où le fils s'élève contre le père, l'épouse contre l'époux, car le foyer domestique qui devrait être l'asile de la paix est aussi un théâtre de discorde ; et là où devrait régner l'union la plus intime et l'amour le plus tendre, on ne trouve que haine, dissensions, malignité. La grande division qui déchire les Chambres et qui s'étend jusque dans les hautes sphères gouvernementales ; la France entière qui offre l'aspect de deux camps en présence, armés l'un contre l'autre et prêts à en venir aux mains, font entendre ces mots : « Qui nous donnera la paix et l'union des anciens jours ? Où est l'homme capable de nous faire ce doux présent ? Où est le Roi, où est le père ? Le salut ne peut venir que de Dieu et de lui. »

En attendant ce jour qui fait l'objet de nos vœux, prions, espérons, aplanissons les voies; Dieu tient en réserve celui qui doit nous sauver et nous arracher des griffes cruelles du tigre qui nous dévore. Quand le moment marqué sera venu, Dieu le rappellera de sa retraite ; il l'investira de vertu, de puissance et de majesté ; le peuple volera à sa rencontre en s'écriant : « Béni soit celui qui vient au nom du Seigneur ; voici les enfants qui vont au-devant de leur père. » Alors nous aurons et la royauté et le Roi ; cette royauté paternelle et catholique, telle que l'ont exercée saint Louis, Charlemagne et tous nos bons rois ; cette royauté qui recherche avant toutes choses et par des moyens infaillibles, la gloire de la France, le salut et le bien-être de ses enfants, comme un bon père travaille au bien de sa famille. Dieu nous la donne sans tarder, c'est le vœu de nos cœurs !...

Que Dieu bénisse la nation très chrétienne !

CHAPITRE XVI

Fruits portés en France par le régime actuel.

Après treize ans de République, où en sommes-nous? La France a-t-elle repris son ancien prestige au dehors? La prospérité règne-t-elle à l'intérieur? On dirait que la Providence prend soin de nous faire sentir en même temps tous les inconvénients du régime républicain et de nous faire essuyer à la fois tous les maux qui naissent de lui!!!...

Nous avons dit que l'esprit français ne s'allie point avec ce régime; il règne entre eux la plus complète antipathie. D'abord, il est constant qu'il se confond avec l'impiété et l'athéïsme: c'est l'expérience qui nous l'apprend; nous voyons tous que c'est le règne des athées, dont la principale occupation, depuis qu'ils sont au pouvoir, est de faire la guerre à la religion et à l'Eglise.

« Le cléricalisme, voilà l'ennemi ! » Cette parole est le cri le plus naturel et le plus sincère du régime actuel; c'est la juste expression du sentiment qui l'anime. Or, la France est la nation très chrétienne; quand on attaque sa foi, on touche à la prunelle de son œil.

En vain tenterait-on d'éteindre le sentiment religieux au fond de son cœur; en vain ferait-on mille lois encore plus perfides que celle du 28 mars sur l'enseignement primaire, pour élever les enfants à la façon des brutes, sans leur parler ni de Dieu, ni de religion, ni des destinées futures; en vain porterait-on un décret infernal comme celui de la fameuse Convention pour interdire parmi nous l'exercice du catholicisme. Le sentiment religieux que l'on comprimerait un jour à force de violence et de tyrannie, se réveillerait bientôt et éclaterait avec d'autant plus de puissance, qu'on l'aurait plus comprimé.

Cette guerre impie déclarée à l'Eglise sans autre motif que la haine des choses saintes, indispose toute la France et creuse un abîme entre le pouvoir et la nation.

Voici l'exacte définition du régime actuel : c'est la guerre incessante mais hypocrite faite à la religion, à la famille; la guerre à nos libertés, à nos finances, à nos lois, à nos institutions, à l'honneur national. Paix, honneurs, richesses aux républicains ; misère, humiliations et mort à ceux qui ne le sont pas ; voilà l'histoire de la République française depuis six ans.

La France est dans un complet désarroi et le peuple souffre; nos finances sont délabrées, ruinées par un honteux gaspillage; nous sommes à la veille d'une banqueroute.

Notre armée, après avoir été l'objet de nombreuses attaques, est affaiblie, presque découragée ; l'esprit révolutionnaire qu'on a fait pénétrer dans son sein a fait sur elle une profonde plaie.

Les repris de justice, les hommes flétris par des peines infamantes, sont assis sur le siège des juges et rendent des arrêts; les officiers qui ont failli à l'honneur remplissent les plus hautes charges dans l'armée. L'incapacité et les bévues de nos gouvernants sont la risée des autres nations et la fable des politiques étrangers ; la France est effacée, mise sous les pieds par les grandes puissances européennes, qui traitent les plus hautes affaires, les questions les plus importantes, sans daigner nous consulter.

Le peuple sans travail gémit dans la misère, le père de famille, courroucé de voir qu'on viole ses droits les plus sacrés, qu'on lui arrache ses enfants par la violence, pour leur faire boire l'athéïsme à longs traits, malgré lui, se plaint amèrement et demande au Ciel une justice que la terre ne lui fait pas.

Qui soutient la République ? L'Europe s'en amuse et la foule aux pieds ; l'Allemagne la favorise par intérêt; quelle détestable et dangereuse faveur ! La nation est fatiguée et manifeste son juste mécontentement. Où sont donc les colonnes d'une république isolée des autres nations et honnie même par les siens ?

Elle se réduit aujourd'hui à quelques faisans gros et gras, au plumage doré, à l'aigrette écarlate, à l'estomac large, au ventre développé, à la voix pleine et sonore, au chant joyeux ; agitant à grands bruits leurs ailes frémissantes et portant la tête haute. Heureux et contents, ils se promènent avec fierté dans un riche parc, où ils ont le grain et tout le reste en abondance ; pleins d'eux-mêmes, dédaigneux pour autrui, ayant pour unique souci de bien remplir leur ventre, et de se ménager quelque chose pour l'avenir !...

Tout présente pour eux l'aspect le plus riant et le plus enchanté, parce qu'ils regardent toutes choses à travers le prisme de leur félicité. Avec de telles dispositions on prend volontiers la misère pour la richesse, le dénûment pour la prospérité, les privations pour le plaisir.

Quoi d'étonnant si nos républicains fulminent des anathèmes contre quiconque ne voit et ne pense comme eux, et contre les malheureux qui maudissent un régime sous lequel ils vivent si heureux eux-mêmes !...

Quelle déception ! quelle amertume ! quel désespoir pour le peuple ! Il a porté au pouvoir des hommes de pavé ; il a fait asseoir des parasites sur le banc des législateurs ; par lui, des piliers de carrefour ont pris la place des hommes d'Etat ; il a confié le trésor public à des mains rongées par la misère, et les revenus d'une grande nation à des affamés ; espérant qu'une fois élevés à la puissance ils se souviendraient de la classe ouvrière et des gens de condition obscure, et qu'ils songeraient à soulager la misère publique : pure simplicité ! Quelle bonhomie de compter sur des promesses faites par des républicains modernes ! Soulager le peuple ! c'est le moindre de leurs soucis ; charité bien ordonnée commence par soi-même ; jamais on ne mit cette sentence en pratique avec tant de sévérité.

Nos républicains ont le secret d'arriver en peu de jours à l'aisance et même à la richesse dès qu'ils sont au pouvoir ; or, un parvenu qui est à son aise et qui contente tous ses désirs, ne conçoit pas qu'il y ait des besoins et que la misère puisse exister quelque part, attendu que lui-même ne manque de rien : l'abondance et le plaisir enfantent généralement l'endurcissement du cœur et l'oubli des malheureux.

Ne donnez plus la puissance à des républicains, dans l'espoir qu'ils porteront remède à nos maux et qu'ils adouciront notre sort, hommes sensés et réfléchis!... Que l'expérience vous instruise!

N'oubliez pas que d'humbles républicains devenus princes ne daignent plus abaisser leurs regards vers le peuple qui les a élus, et que ces parvenus, une fois élevés au rang des seigneurs, couvrent la roture de leur dédain et de leur mépris, du haut de leur grandeur : au lieu de tendre la main aux pauvres qui leur demandent humblement l'aumône, ils les menacent fièrement avec leur geste, comme fit un jour Gambetta, d'après *Paris-Journal.*

Tout leur souci c'est de mettre à profit les heures précieuses qu'ils passent dans nos palais. Exiger autre chose d'eux, c'est demander l'impossible : un républicain qui s'éleverait au-dessus de ses propres intérêts serait un prodige. En moins de cent ans nous avons eu trois républiques, et le peuple a porté à la députation plus de six mille républicains qui tous dès lors ont tourné leur dévotion vers le *Dieu-Egoïsme;* pour s'assurer de ce fait il suffit de lire l'histoire.

Après une si longue et si dure expérience, désabusons-nous de ce régime égoïste et *sachons pour jamais que dans ce parti on ne pense qu'à soi.*

Que Dieu délivre la France catholique !

CHAPITRE XVII

L'Eglise ne condamne aucune forme de gouvernement.

Toutes les formes de gouvernement sont bonnes par elles-mêmes, et l'Eglise accepte indifféremment la monarchie comme la république et l'aristocratie. Elle condamne seulement les hommes qui en font un mauvais usage et qui mettent au service des passions une institution sainte dans son origine et destinée à procurer le bien des peuples, à garantir l'ordre, les personnes et la propriété.

Un gouvernement quelconque vaut autant que les personnes qui le représentent et il est leur fidèle image ; de sorte que, sous la conduite d'hommes vicieux et pervers, le pouvoir sera détestable et funeste. Au contraire, un gouvernement où des hommes honnêtes et vertueux occupent les premières places, fera les délices des peuples, l'honneur et la gloire du genre humain, et il sera comblé de bénédictions dans tous les âges : ainsi les règnes de saint Louis et de Henri IV seront toujours l'objet de mille louanges.

L'Eglise n'ignore pas que le meilleur gouvernement est celui qui convient le mieux à chaque nation ; et elle respecte la liberté des peuples comme celle des individus et des familles. C'est aux nations elles-mêmes de faire le choix suivant leur caractère, leur goût et leurs intérêts.

Si j'affirme donc que, pour la France, la monarchie a des avantages sur la République, je m'appuie sur l'histoire, sur l'expérience et sur le caractère du peuple français ; car la République, dans les temps modernes, en France surtout, se confond avec le despotisme et l'oppression des consciences ; qu'on examine ses actes et l'on sera de suite convaincu de cette vérité historique. Un régime oppresseur n'est-il pas un régime détestable ?

Le peuple français est essentiellement catholique ; or, une nation catholique gouvernée par des hommes impies et athées, c'est un non-sens, une chose contre nature. A la France catholique il faut un gouvernement catholique et modéré : le simple bon sens le demande. La

République la fait passer sous le joug des sociétés secrètes qui sont le bras de l'enfer, le fléau de l'humanité et la figure la plus exacte de l'Antechrist.

Sitôt que la France entre en République, ce sont les sociétés secrètes qui prennent les rênes du pouvoir ; c'est un fait connu de tous.

Le beau spectacle que présente le monde politique depuis le commencement des âges ! Les royaumes et les empires se succèdent avec rapidité sur cette vaste scène : les peuples remplacent d'autres peuples ; les princes cèdent leur couronne à d'autres princes ; les nations s'agitent comme la surface de l'Océan, elles tourbillonnent sans cesse comme les gouffres de la mer ; tandis que, au-dessus d'elles, apparaît, avec son éternelle majesté, le Dieu qui ne change pas et qui est immuable de sa nature. Son trône, fondé au-dessus des cieux, est inaccessible aux révolutions qui tourmentent continuellement les malheureux mortels. De là, il regarde sans s'émouvoir les perpétuelles vicissitudes des choses humaines ; il voit les nations coupables disparaître comme la fumée devant le feu de sa justice et de sa colère, en exécution de ses arrêts divins : qu'il est grand le Dieu qui appelle à son tribunal les causes des rois et celles des nations !

Les trônes bâtis par la main des hommes, fragiles comme ceux qui les élèvent, se meuvent comme une feuille d'arbre et s'effondrent comme la maison fondée sur le sable mouvant, parce qu'on leur donne pour fondement l'iniquité. Si le trône de l'Eternel demeure inébranlable, c'est qu'il est fondé sur la sainteté et sur la justice.

Princes, ouvrez donc les yeux et apprenez la sagesse à l'école de la Providence ! Arbitres des peuples, ne foulez pas la justice sous vos pieds ! Souvenez-vous que l'Eternel pèse vos actes sur sa juste balance et que tous vos décrets passent devant ses yeux !

Gloire à Dieu, qui juge les souverains et les nations !

IN HOC SIGNO VINCES !

VOILA LE SIGNE DE LA VICTOIRE !!!...

TABLE

Bar-le-Duc — Typ. L. PHILIPONA et Cie — 956

PAR LE MÊME AUTEUR

RÉFUTATION DE L'ENSEIGNEMENT ATHÉE

ET DU

MANUEL P. BERT & LALOI

Beau format grand in-12

Chez HATON RENÉ, à PARIS, 33, rue Bonaparte
et chez
LÉON PÉRÉ, à BAGNÈRES-DE-BIGORRE, place Strasbourg.

Se vend **Un franc,** *port compris, pour l'entretien d'une École libre dans une paroisse très pauvre, mais qui ne veut pas d'enseignement athée.*

Bar-le-Duc — Typ. L. PHILIPONA et Ce — 956

www.ingramcontent.com/pod-product-compliance
Lightning Source LLC
La Vergne TN
LVHW020403230826
846091LV00003B/1127

* 9 7 8 2 0 1 1 7 4 1 6 7 7 *